SESAME STREET

La PARTE BUENA con Elmo

Un libro sobre la positividad

Jill Colella

ediciones Lerner ◆ Mineápolis

La misión de Sesame Street siempre ha sido enseñarles a los niños mucho más que solo el abecedario y los números. Esta serie de libros que promueven rasgos de la personalidad positivos como la generosidad, el respeto, la empatía, el pensamiento positivo, la resiliencia y la persistencia ayudarán a los niños a crecer y convertirse en la mejor versión de ellos mismos. Por eso acompaña a tus amigos divertidos y peludos de Sesame Street mientras aprenden a ser más inteligentes, más fuertes y más amables y le enseñan a serlo a todo el mundo.

Saludos. Los editores de Sesame Street

CONTENIDO

¿Qué es la positividad?

Positividad significa ver las partes buenas de cada situación.

Ser positivo

Cuando nos enfrentamos a dificultades, mirar el lado bueno nos ayuda a seguir adelante.

Cuando me resfrío,
tengo que quedarme
adentro y colorear.

Nadie es positivo todo el tiempo.

Los sentimientos como la felicidad y la tristeza vienen y se van.

Los días lluviosos pueden ser frustrantes o desalentadores.

Pero también ayudan a las flores a crecer.

Hacer u observar pequeñas cosas puede hacernos sentir felices.

Usar mi tutú me hace sentir feliz.

Cuando nos atascamos, podemos buscar soluciones.

Podemos pedir ayuda.

Piensa en las cosas grandiosas que ya has aprendido y hecho.

¿Qué es algo que hiciste sobre lo que sientes orgullo?

¡Y hay más cosas buenas en camino!

Las personas que confían en lo que vendrá se llaman optimistas.

¿Conoces a alguien que sea optimista?

No podemos saber siempre qué problemas aparecerán. Pero ver el lado bueno nos ayuda a avanzar.

¡CON ENTUSIASMO!

Mantén un diario de "cosas buenas". Cada día haz un dibujo de algo bueno que sucedió o un pensamiento feliz que tuviste. Guarda tus dibujos y obsérvalos. Estos recuerdos te ayudarán a sentir positividad.

Glosario

feliz: sentirse alegre

optimista: persona que confía en lo bueno

positividad: confiar en lo bueno

solución: una idea para resolver un problema

Más información

Bullis, Amber. *Feeling Happy.* Mineápolis: Jump!, 2020.

Colella, Jill. *Sobreponerse con Big Bird: Un libro sobre la resiliencia.* Mineápolis: ediciones Lerner, 2024.

Lang, Sheri. *My Thoughts and Feelings: What Are You Feeling?* Nueva York: Rosen, 2020.

Índice

Créditos por las fotografías

Créditos de las imágenes adicionales: Sun_Shine/Shutterstock.com, p. 4; Rawpixel.com/Shutterstock.com, pp. 5, 6; 21MARCH/Shutterstock.com, p. 7; fizkes/Shutterstock.com, p. 8; Pressmaster/Shutterstock.com, p. 9; A3pfamily/Shutterstock.com, p. 10; perfectlab/Shutterstock.com, p. 11; Africa Studio/Shutterstock.com, p. 12; Monkey Business Images/Shutterstock.com, p. 13; Phil's Mommy/Shutterstock.com, p. 14; Lorena Fernandez/Shutterstock.com, p. 15; Pixel-Shot/Shutterstock.com, p. 16; Fotokostic/Shutterstock.com, p. 17; ESB Professional/Shutterstock.com, p. 18; Olesia Bilkei/Shutterstock.com, p. 19; iofoto/Shutterstock.com, p. 20.

Para las niñas: LKAT, PKAT y EVAF

ediciones Lerner
Una división de Lerner Publishing Group, Inc.
241 First Avenue North
Mineápolis, MN 55401, EE. UU.

Si desea averiguar acerca de niveles de lectura y para obtener más información, favor consultar este título en www.lernerbooks.com.

Fuente del texto del cuerpo principal: Billy Infant. Fuente proporcionada por SparkyType.

Library of Congress Cataloging-in-Publication Data

Names: Colella, Jill, author.
Title: La parte buena con Elmo : un libro sobre la positividad / Jill Colella.
Other titles: Looking on the bright side with Elmo. Spanish
Description: Mineápolis : Ediciones Lerner, 2024. | Series: Guías de personajes de Sesame Street en Español | Includes bibliographical references and index. | Audience: Ages 4-8 | Audience: Grades K-1 | Summary: "Elmo and other familiar friends from Sesame Street learn about positivity and how our thoughts impact us. Kids will discover that all feelings are valid, what it means to be an optimist, and how to look on the bright side. Now in Spanish!"—Provided by publisher.
Identifiers: LCCN 2023012368 (print) | LCCN 2023012369 (ebook) | ISBN 9798765608234 (library binding) | ISBN 9798765623299 (paperback) | ISBN 9798765612736 (epub)
Subjects: LCSH: Optimism in children—Juvenile literature. | Optimism—Juvenile literature. | BISAC: JUVENILE NONFICTION / Social Topics / Emotions & Feelings
Classification: LCC BF723.O67 C64518 2024 (print) | LCC BF723.O67 (ebook) | DDC 155.4/19—dc23/eng/20230330

LC record available at https://lccn.loc.gov/2023012368
LC ebook record available at https://lccn.loc.gov/2023012369

Fabricado en los Estados Unidos de América
1-1009456-51462-4/12/2023